アジアン 丼本

3ステップで作れる

簡単で旨いアジア屋台
丼レシピ厳選60

高谷亜由

はじめに

香辛料やハーブを加えるだけで
アジアの屋台や食堂にある
旨いぶっかけ丼ができあがり!

今回『本（ＢＯＮ）』シリーズが提案するのは、アジアのおいしいおかずをのっけた丼のレシピ。生まれはタイ、ベトナム、カンボジア、フィリピン、シンガポールなどの東南アジア、韓国や中国やモンゴル、さらにインドやネパール、ブータンまで！各国の食堂や屋台で食べられている庶民派ごはんを再現、ときには空想しながら、日本の「丼」スタイルに合うようアレンジしました。肉や魚でガッツリと、汁をかけてサラサラと。ごはんにのせるだけ、かけるだけで野菜不足を解消できるレシピも満載です。

アジア丼のおいしさの秘訣は、なんといっても野菜とハーブ使いのコツ。野菜は炒めたり和えるだけでなく、香味野菜でさわやかな香りを加えたり、ピーナッツやごまで食感をプラスしたり、こしょうや唐辛子でピリッと引き締めたりすることで、ヘルシーで大満足の一皿にしあがります。ハーブは思いきってどっさり入れて、暑い国ならではの爽快感をぜひ味わってみてください。

またアジア丼は作るときの「ライブ感」が身上です。あっという間にできあがるレシピも多いので、食材の下処理をしたり、ナンプラーやココナッツミルクなど使い慣れない食材は揃えて出しておいたり、準備万端にしてからコンロの前に立ちましょう。

アジアの料理は、とにかく難しいことぬき。ごはんとおかずを一緒にのっけてガシガシ食べて、丼ひとつ洗ったらおしまい。青じそやみょうがなど日本のハーブを混ぜたってＯＫ、冷蔵庫にある食材から今夜の丼を考えたり、たくさんできれば次の日も味がしみてまたおいしい、くらいの気軽さで作ってみてください。本書を片手に、アジアを旅する気分で舌鼓を打ってもらえれば最高です！

アジアン丼本　目次

PART.01
お腹も満足感ある「野菜」系アジアン18飯

サクッときんぴらジャン丼……008
厚揚げとなすのターメリック煮丼……010
ラオス風ラープ丼……012
ヤンさんのバターコーン丼……014
シンガポールチキンサラダ丼……016
サラダピビン丼……018
グレープフルーツと魚の混ぜ丼……020
かぼちゃと卵のクメール炒め丼……022
ツナアボ辛ライスサラダ丼……024
小松菜のチリナッツ丼……026
じゃがとカリフラワーのタルカリ丼……028
ベトナム式豚サラダ丼……030
インド風冷やしトマト丼……032
豚味噌セロリのジャージャン丼……034
タイ風焼きなす丼……036
空心菜のかき揚げ辛肉がけ丼……038
もやしパッタイ丼……040
野菜たっぷり中華あん丼……042

PART.02
スパイシーで食欲が出る「肉」系アジアン15飯

バンコク風しょうが焼き丼……046
屋台ぶっかけ豚煮丼……048
韓国ロコモコ丼……050
豚肉といんげんのレッドカレー炒め丼……052
ベトナム角煮とゆで卵丼……054
豚レモンしゃぶしゃぶ丼……056
香菜たっぷり団子丼……058
海南チキン丼……060
パリパリ鶏の黒酢ソース丼……062
タンドリーチキン丼……064
鶏アドボ丼……066
ウイグル牛丼……068
ユンさんの牛すね煮丼……070
牛肉と春雨のスパイシー炒め丼……072
アジア食堂ラムと香菜の炒め丼……074

PART.03
スパイスでひと工夫「魚」系アジアン8飯

ピリ辛ッ四川しらす丼……078
干あじのベトナム混ぜご飯……080
ヤムたこ丼……082
まぐろのユッケ丼……084
台北食堂の刺身丼……086
イカときゅうりのトマト炒め丼……088
海老パッポンカリー丼……090
白身魚のピーナッツソース丼……092

PART.04

ご飯にぶっかけ「スープ」系アジアン11飯

燃えるトムヤム雑炊……096
あさりのベトナムぶっかけ飯……098
豆腐ともずくのナンプラースープ丼……100
オモニの具だくさん辛豚汁丼……102
鶏粥アジアン……104
ベンガル風フィッシュカレー丼……106
鶏のココナッツスープ丼……108
ダルカレー丼……110
きのこのブータンチーズリゾット……112
つぶつぶ長いものベトナム汁丼……114
豚とゴーヤーの酸辣湯丼……116

EXTRA

ササッと簡単！「常備菜」系アジアン8飯

キムきゅうり丼……118
ちくわのスイートチリ丼……119
台湾風卵焼き丼……120
切り干し大根のソムタム丼……121
タイ風目玉焼き丼……122
ソーセージのスパイシーサラダ丼……123
ベトナムやっこ丼……124
厚揚げのトマトソース丼……125

本書のルール

*丼のご飯は200～250g使用していますが、お好みで調整してください。

*計量の単位は、1カップ＝200㎖、大さじ1＝15㎖、小さじ1＝5㎖です。

*材料表に記した個数・本数などは目安です。正確な分量は量りで正しく計量してください。

*特に表示のない限り、魚介類や野菜の「洗う」「皮をむく」「ヘタをとる」「根元をとる」「種をとる」など下処理は省略しています。

*水溶き片栗粉は、水2に対して片栗粉1の割合で調理をしております。

例：水溶き片栗粉…大さじ3＝水大さじ2＋片栗粉大さじ1

*分量はあくまでも目安なのでお好みで調整してください。

香菜、野菜たっぷりお腹も満足感ある

「野菜」系アジアン丼18飯

たっぷり食べても胃にもたれず軽やかな野菜がメインのおかずをのせたアジアン丼です。アジア料理は野菜が多く入っているのが特徴。香辛料やハーブ、フルーツを入れてふだんの野菜不足を解消しましょう。

「野菜」系 アジアン丼 PART-1

辛さとコクをいただく サクッときんぴらジャン丼

【作り方】

❶ ごぼうは細切り、れんこんは拍子木切り、にんじんは細切りにする。Aは混ぜ合わせる。

❷ フライパンに油を強火で熱してれんこんを炒め、透き通ってきたらごぼう、にんじんを炒めてAを加えて煮詰め、汁気がなくなったら白ごまを混ぜる。

❸ ご飯にのせて細ねぎをちらす。

【材 料】(1人分)

ごぼう…1/2本
(切ったら水にさらして水気をきる)
れんこん…3〜5cm(80g)
(切ったら水にさらして水気をきる)
にんじん…3cm
ごま油…大さじ1
白いりごま…大さじ1
細ねぎ(小口切り)…適量

A
- にんにく(すりおろし)…1/2かけ
- 酒…大さじ4
- 砂糖・しょうゆ…各大さじ1
- コチュジャン…大さじ1/2

アジア的ポイント

定番の味にコチュジャンを加え、スパイシーさとコクをプラス。ごぼうの強い香りにコチュジャンの辛味と甘さがよくなじみます。

「野菜」系 アジアン丼 PART-1

厚揚げとなすのターメリック煮丼

お酢でさっぱりのスパイシー煮込み

【作り方】

❶ なすは半分に切って縦6つ割り、トマトはざく切り、長ねぎは粗みじんに刻む。厚揚げはフライパンで油をひかずに両面を焼き、ひと口大に切る。

❷ 鍋に油を熱して長ねぎを炒め、香りが出たらトマト、なす、厚揚げを加えて炒める。水を加え、沸騰したらフタをして弱火で7～8分煮る。なすがやわらかくなったらターメリックを溶き入れ、Aで調味する。

❸ ご飯にのせて青じそをちらす。

【材 料】(1人分)

なす…1本(切ったら水にさらして水気をきる)
トマト…1/2個
長ねぎ…5cm
厚揚げ…1/2枚
サラダ油…大さじ1
水…1カップ
ターメリック…小さじ1/2
青じそ(千切り)…適量

A
- ナンプラー…大さじ1
- 砂糖…小さじ1
- 酢…小さじ1/2

アジア的ポイント

ベトナムの精進料理のおかず。スパイシーな香りと酢の酸味で煮汁の味が引き締まり、野菜の旨みをより感じられます。

ラオス風ラープ丼

辛さはレモンとハーブの香りでさっぱり

【作り方】

❶ 玉ねぎは薄切り、細ねぎと香菜は小口切りにして、ミントは葉をちぎる。

❷ 鶏肉は皮を取り小さく切り、包丁でたたいて粗ミンチにする。鍋に水、鶏肉を入れて弱中火で炒め、火が通ったら湯をきる。

❸ ❷にAと❶の野菜を加えて混ぜる。ご飯にのせてキャベツを添える。

【材 料】（1人分）

鶏もも肉…100g
赤玉ねぎ…1/8個
細ねぎ…1本
香菜…2〜3本
スペアミント…3枝
水…1/4カップ
キャベツ（ざく切り）…適量

A
- 砂糖・ナンプラー…各小さじ2
- レモン汁…大さじ1
- 一味唐辛子…小さじ1/4
- 白いりごま…小さじ1/2

アジア的ポイント

ラオスのひき肉サラダ「ラープ」のアレンジ丼。鶏肉は水と炒め煮することでほぐれやすく、ジューシーに火が通ります。

「野菜」系 アジアン丼 PART-1

桜海老がアジアンな飯に合う

ヤンさんのバターコーン丼

【作り方】

1 とうもろこしは固めにゆでて、実を包丁で削いでばらす。細ねぎは小口切り、香菜はざく切りにする。

2 フライパンに油、にんにくを入れて火にかけ、香りが出たらとうもろこし、桜海老を炒める。やわらかくなったらナンプラー、バター、細ねぎを加えて混ぜる。

3 ご飯にのせて香菜とこしょうをちらす。

【材 料】(1人分)

とうもろこし…1本
細ねぎ…2本
香菜…2〜3本
にんにく(みじん切り)…1/2かけ
桜海老…大さじ1
サラダ油…大さじ1/2
ナンプラー…小さじ1/2
バター…大さじ1
黒こしょう…適量

アジア的ポイント

おなじみのバターしょうゆをバターナンプラーに変えた香ばしいベトナム味の炒め物。しっかりした味つけなのでご飯に混ぜてもおいしく、お弁当にもおすすめです。

「野菜」系 アジアン丼 PART-1

ココナッツミルク味の甘い蒸し鶏

シンガポールチキンサラダ丼

【作り方】

❶ 鶏肉は軽く塩、こしょうをふる。キャベツ、にんじんは千切り、玉ねぎは薄切りにして塩少々をまぶし、しんなりしたら水気を絞る。

❷ フライパンにココナッツミルクを入れ、鶏肉の皮を下にして火にかける。沸騰直前で弱火にし、フタをして10分蒸し煮。フタを外して肉を裏返し、A用汁を取る。火を強めて汁気が少なくなるまで煮詰める。

❸ ご飯に❶の野菜、切った鶏肉をのせ、混ぜ合わせたAをかけてこしょう、香菜をちらす。

【材 料】（1人分）

鶏もも肉…1/2枚
キャベツ…1枚
にんじん…3cm
玉ねぎ…1/8個
ココナッツミルク…1/2カップ
香菜…適量
塩・黒こしょう…各適量

A
- 鶏肉の蒸し汁…大さじ2
- 砂糖…小さじ1/4
- カレー粉・酢・ナンプラー…各小さじ1/2

アジア的ポイント

鶏肉をココナッツミルクでふっくらと香りよく蒸し、カレードレッシングで食べるサラダ丼。コクある鶏肉があとひくおいしさです。

「野菜」系 アジアン丼 PART-1

サラダピビン丼

辛味噌が効いた刺身のサラダ

【作り方】

❶ 魚はそぎ切り、長ねぎは縦半分にして斜め薄切り、スプラウトは水気をきった長ねぎと合わせる。

❷ Aを混ぜ合わせる。

❸ ご飯にちぎったサニーレタス、❶をのせて青じそをちらし、❷、白ごまをかけてマヨネーズを添える。

【材 料】（1人分）

白身魚の刺身（真鯛、ひらめなど）…100g
長ねぎ…5cm（切ったら水にさらして水気をきる）
スプラウト…1/2パック
サニーレタス…1枚
青じそ（ちぎる）…3枚
白いりごま・マヨネーズ…各適量
A［コチュジャン・みそ…各大さじ1/2
　 酢・ごま油…各小さじ1

アジア的ポイント

白身魚の刺身や香味野菜をご飯にのせて、韓国風辛味噌とマヨネーズで食べる丼。薬味の香りをしっかりと効かせるのがコツ。

クセになる！フルーツと香味豊かな野菜飯

グレープフルーツと魚の混ぜ丼

【作り方】

❶ グレープフルーツは薄皮をむいてボウルに入れ、果汁が出てきたら実を取り、汁はA用に取る。みょうがは縦半分にして薄切り、青じそは千切り、細ねぎは小口切りにする。

❷ 魚はそぎ切りにし、混ぜ合わせたAに15分つける。

❸ ボウルにご飯、❷の液を大さじ1、細ねぎ、白ごまを入れて、ざっくり混ぜて器に盛り、グレープフルーツ、刺身、みょうがと青じそをのせる。

【材 料】（1人分）

グレープフルーツ…1/2個
みょうが…1個
青じそ…3枚
細ねぎ…1本
白身魚の刺身（真鯛、ひらめなど）…80g
白いりごま…小さじ1

A
砂糖・グレープフルーツの汁・酢・ナンプラー…各大さじ1
にんにく（みじん切り）…1/2かけ
黒こしょう…適量

アジア的ポイント

グレープフルーツと魚介を合わせるベトナムのサラダをアレンジ。薬味野菜とナンプラー風味の甘酸っぱいタレがさわやかな混ぜ丼です。

屋台の大人気おかずが丼に

かぼちゃと卵のクメール炒め丼

【作り方】

❶ かぼちゃはひと口大の薄切り、バジルは葉をちぎる。卵はボウルに割りほぐす。Aは混ぜ合わせる。

❷ フライパンに油大さじ1／2を熱してかぼちゃを炒め、水を加えフタをして蒸し焼きにして取り出す。残りの油、にんにくを入れて、香りが出たらひき肉を色が変わるまで炒め、かぼちゃとAを加える。

❸ ❷に卵を流し入れて火を通し、バジルを加え混ぜる。ご飯にのせてこしょうをちらす。

【材 料】（1人分）

豚ひき肉…50g
かぼちゃ…1/8個
スイートバジル…2枝
卵…1個
にんにく（みじん切り）…1/2かけ
サラダ油…大さじ1
水…大さじ1
黒こしょう…適量

A
- 水…大さじ1/2
- 砂糖…小さじ1/2
- オイスターソース・しょうゆ…各小さじ1

アジア的ポイント

かぼちゃはカンボジアの伝統野菜。日本では煮物が定番ですが、現地のお惣菜屋台では小さく切って卵と炒めたおかずが人気。親しみのあるオイスターソース味はご飯に合います。

ミントがアクセントの混ぜご飯

ツナアボ辛ライスサラダ丼

【作り方】

❶ ミニトマトは4つ割り、細ねぎは小口切り、アボカドはさいの目切りに、ミントは葉をちぎる。カシューナッツは軽く炒る。

❷ Aを混ぜ合わせる。

❸ ボウルにご飯を入れて粗熱を取り、油をきったツナ、❶、❷を入れて、ざっくりと和えて器に盛る。

【材 料】（1人分）

ツナ缶（チャンク）…80g
ミニトマト…3個
細ねぎ…1本
アボカド…1/2個
スペアミント…3枝
カシューナッツ…10粒

A
- 赤唐辛子（小口切り）…1/2本
- 砂糖…小さじ2
- ナンプラー・レモン汁…各大さじ1

アジア的ポイント

好相性のツナとアボカドをご飯と混ぜたライスサラダ丼。ナンプラーベースのドレッシングがご飯によく合い、暑い季節にもピッタリです。

シャキシャキ野菜のナッツがけ

小松菜のチリナッツ丼

【作り方】

1. 小松菜は5㎝幅のざく切り、にんにく半分は薄切り、残りはみじん切りにする。
2. フライパンに油、にんにくを入れ、弱火でじっくり炒める。色づいてきたら小松菜を加え強火で炒め、鮮やかな色になったらAを加えて手早く炒め合わせる。
3. ご飯にのせてチリソース、ピーナッツをかけてレモンを添える。

【材 料】(1人分)

小松菜…3〜4株
にんにく…1かけ
サラダ油…大さじ1
ホットチリソース…小さじ1
ピーナッツ(刻む)…適量
レモン(くし型切り)…1切れ

A
- 砂糖…小さじ1/2
- ナンプラー…小さじ1
- 水…大さじ2

アジア的ポイント

簡単に炒めるだけでたっぷりの青菜がペロリと食べられます。香ばしいにんにくとチリソースの辛味が、ご飯にもビールにもよく合うおつまみ系。

「野菜」系 アジアン丼 PART-1

パンにも合う、ゴロッと野菜のクミン炒め

じゃがとカリフラワーのタルカリ丼

【作り方】

1. じゃがいもはひと口大、カリフラワーは小房に分ける。塩少々を加えた水からじゃがいもをゆで、串が通ったらカリフラワーを加えて固めにゆでる。玉ねぎはみじん切り、細ねぎは小口切り、香菜は粗みじんに刻む。
2. フライパンに油、玉ねぎ、しょうが、にんにくを入れて中火で炒める。しんなりしたらクミン、塩、一味、じゃがいも、カリフラワーを炒め合わせる。
3. 細ねぎ、香菜、レモン汁を加えて混ぜる。

【材 料】(1人分)

じゃがいも…1個
(切ったら水にさらして水気をきる)
カリフラワー…1/4房
玉ねぎ…1/6個
細ねぎ…1本
香菜…5本
しょうが・にんにく(ともにみじん切り)…各1/2かけ
サラダ油…大さじ1
クミンシード…小さじ1/2
塩・一味唐辛子…各小さじ1/4
レモン汁…小さじ1

アジア的ポイント

タルカリはネパールの代表的な野菜おかず。にんにくやしょうが、スパイス、レモンを効かせて、暑い季節にもさっぱりとご飯がすすむ味つけ。

「野菜」系 アジアン丼 PART-1

ベトナム式豚サラダ丼

たっぷり野菜と肉の甘ドレがけ

【作り方】

❶ 豚肉は身と脂の境目に何本か切り込みを入れ、両面をたたいて厚さ5㎜にのばす。Aをもみ込み30分つける。

❷ 大根、にんじんは千切りにし、砂糖、酢、塩で和える。サニーレタス、青じそ、ミントはちぎる。

❸ フライパンに油を熱して豚肉を香ばしく焼いてそぎ切りにし、野菜とともにご飯にのせ、混ぜたBとピーナッツをかける。

【材 料】（1人分）

豚ロース肉（ソテー用）…1枚
大根…50g
にんじん…20g
砂糖・酢…各小さじ1
塩…ひとつまみ
サニーレタス…1枚
青じそ…3枚
スペアミント…適量
サラダ油…大さじ1/2
ピーナッツ（刻む）…適量

A
玉ねぎ（すりおろし）…1/4個
砂糖・ナンプラー…各小さじ1
しょうゆ…小さじ1/2
黒こしょう…少々

B
砂糖・ナンプラー・レモン汁…各小さじ1
水…小さじ2
にんにく・赤唐辛子（ともにみじん切り）…各少々

アジア的ポイント

甘辛く下味をつけて焼いた豚肉に、大根とにんじんの甘酢マリネ、レタスやハーブなどをのせたボリュームたっぷり爽快なサラダ丼。

「野菜」系 アジアン丼 PART-1

スパイスが効いたゴロゴロ野菜

インド風冷やしトマト丼

【作り方】

❶ トマト、きゅうりは角切り、玉ねぎは粗みじん切り、香菜はざく切りにする。

❷ ボウルにAを混ぜ合わせ、❶を和える。

❸ ご飯にのせて、こしょうをちらす。

【材料】(1人分)

トマト(中)…1個
きゅうり…1/2本
赤玉ねぎ…1/6個
香菜…5本
黒こしょう…適量

A
- 塩・クミン粉…各小さじ1/4
- レモン汁…小さじ1
- 一味唐辛子…少々
- オリーブ油…大さじ1

アジア的ポイント

レモンとオリーブ油で爽やかにまとめ、クミンや香菜の香りでパンチをつけたトマトサラダ。一味唐辛子を増やして辛くしてもおいしい。

シャキシャキのセロリをたっぷり添えた

豚味噌セロリのジャージャン丼

【作り方】

❶ セロリは薄い斜め切りにして塩をまぶし、しんなりさせる。葉はざく切り、豚肉は1㎝幅に切る。

❷ フライパンを熱して油をひかずに豚肉をカリカリになるまで炒め、キッチンペーパーの上に取り脂をきる。ボウルにA、豚肉を混ぜる。

❸ ご飯に❷とセロリをのせて、こしょうをちらす。

【材 料】(1人分)※豚味噌は作りやすい分量

セロリ…1/2本
セロリの葉…3枚
塩…少々
豚バラ薄切り肉…150g
黒こしょう…適量

A
- しょうが(すりおろし)…1/2かけ
- 細ねぎ(小口切り)…1本
- 味噌…大さじ2
- 水・甜麺醤…各大さじ1
- 酒…大さじ1/2

アジア的ポイント

中国の豚味噌のせ麺「炸醤麺(ジャージャンミエン)」からのアレンジ。豚味噌はうどんや中華麺、豆腐などにかけても美味。

「野菜」系 アジアン丼

PART-1

タイ風焼きなす丼

たっぷり野菜をすっぱ辛ドレ和え

【作り方】

❶ なすは網焼きにして皮をむき、縦4～6等分に裂く。トマト、たたいたきゅうりはひと口大、玉ねぎは薄切り、しょうがは千切り、香菜はざく切りにする。

❷ Aを混ぜ合わせる。

❸ ❷に❶、粗めにくずしたゆで卵を加えて和え、ご飯にのせる。

【材 料】（1人分）

なす（大）…1本
トマト…1/2個
きゅうり…1本
赤玉ねぎ…1/6個
しょうが…1/2かけ
香菜…3本
ゆで卵…1個

A
- 香菜の根（みじん切り）…1本
- 赤唐辛子（小口切り）…1/2本
- 砂糖・ナンプラー…各小さじ2
- レモン汁…大さじ1
- ごま油…小さじ1

アジア的ポイント

タイ料理の焼きなすをヒントに、ナンプラーレモンソースで和えたサラダ。カラフルな具がたっぷり入ったおかずサラダです。

「野菜」系 アジアン丼 PART-1

スパイシーそぼろソースがご飯にマッチ

空心菜のかき揚げ辛肉がけ丼

【作り方】

❶小鍋にひき肉、水大さじ3を入れ、そぼろ状になるまで弱中火で炒めて粗熱を取る。ボウルにA、薄切りにした玉ねぎを混ぜる。

❷ボウルに3㎝幅に切った空心菜を入れ、薄力粉と片栗粉をまぶす。溶き卵、水大さじ1をさっくりと和える。

❸揚げ油を170度に熱し、❷をすくって入れ、上下を返しながらカリッと揚げる。油をきってご飯にのせ、❶をかける。

【材 料】(1人分)

豚ひき肉…50g
赤玉ねぎ…1/6個
空心菜…50g
薄力粉・片栗粉…各大さじ1
溶き卵…1/2個分
揚げ油…適量
A
砂糖…小さじ1
ナンプラー・レモン汁…各大さじ1
赤唐辛子(小口切り)…1本

アジア的ポイント

空心菜は炒めもの以外に揚げても美味。シャキシャキした食感が楽しめます。豚肉と赤玉ねぎ入りのスパイシーソースをかけて。

もやしパッタイ丼

厚揚げと桜海老で気軽に作るタイ飯

【作り方】

1. にらは3㎝幅のざく切り、厚揚げはひと口大の薄切りにする。Aは混ぜ合わせる。
2. フライパンに油大さじ1を強火で熱し、卵を入れ弱火にして混ぜ、火が通ったら取り出す。残りの油を熱して厚揚げと桜海老を炒め、もやし、にら、Aを加え、手早く炒め合わせる。
3. ご飯にのせてピーナッツとこしょうをちらし、レモンを添える。

【材 料】（1人分）

もやし…1/2袋（100g）
にら…5本
厚揚げ…1/2枚
桜海老…大さじ1
卵…1個
サラダ油…大さじ2
ピーナッツ（刻む）・黒こしょう…各適量
レモン（くし型切り）…1切れ

A ［ 砂糖・ナンプラー・酢…各小さじ2
オイスターソース…小さじ1

アジア的ポイント

タイ風焼きそば「パッタイ」の味つけで、もやしとにら、厚揚げ、桜海老などを炒めます。ナンプラー、砂糖、酢を合わせたメリハリのある味つけがポイント。麺抜きパッタイは現地でも食べるヘルシーレシピです。

やさしい味わいなので夜食にピッタリ

野菜たっぷり中華あん丼

【作り方】

1 にんじんは輪切り、青梗菜はざく切りにする。しめじはほぐし、カリフラワーは小房に分ける。

2 フライパンに合わせたAを入れて強火にかけ、沸騰したらにんじん、しめじ、カリフラワーを加え、火が通ったらうずら卵、青梗菜をサッと煮て、水溶き片栗粉でとろみをつける。

3 ご飯にのせて、こしょう、ごま油をかける。

【材 料】(1人分)

にんじん…2cm
青梗菜…1株
しめじ…30g
カリフラワー…50g
うずら卵(水煮)…3個
水溶き片栗粉・黒こしょう・ごま油…各適量

A
- 鶏がらスープ…250mℓ
- 砂糖…小さじ1
- ナンプラー…大さじ1
- オイスターソース・しょうゆ…各大さじ1/2

アジア的ポイント

具だくさんのあんかけ野菜丼。酢をかけて味を引き締めたり、一味唐辛子をふって辛くして食べるのもオススメ。

ガッツリ食べたい、スパイシーで食欲が出る

「肉」系アジアン丼15飯

手早くガッツリ食べたいときには
ボリュームたっぷりの肉丼がオススメ。
スパイスや辛味をきかせたり、
爽やかな香味野菜を合わせたりして、
食欲が落ちる暑い季節にも元気に食べられる
丼レシピをご用意しました。

甘ダレと黒こしょうのパンチが効いた

バンコク風しょうが焼き丼

【作り方】

1. 豚肉は半分に切り、薄力粉をまぶす。トマトはくし型切り、レタスはちぎる。Aは混ぜ合わせる。
2. フライパンに油を強火で熱し、豚肉を焼く。焼き色がついたら裏返して焼き、Aを加えて肉にからめる。
3. トマト、レタス、2、香菜をのせ、こしょうをちらす。

【材 料】(1人分)

豚ロース肉
(しょうが焼き用)…150g
トマト(小)…1/2個
サニーレタス…2〜3枚
薄力粉…適量
サラダ油…大さじ1
香菜(ざく切り)・
黒こしょう…各適量

A
- にんにく・しょうが
(ともにすりおろし)…各1/2かけ
- 砂糖…小さじ1/2
- 酒…大さじ2
- ナンプラー…小さじ2
- オイスターソース…小さじ1

アジア的ポイント

しょうゆをナンプラーに変えた甘辛いタレにオイスターソースが隠し味。香菜と黒こしょうで、ピリッとスパイシーに。

「肉」系 アジアン丼 PART-2

屋台ぶっかけ豚煮丼

飯に好相性の五香粉と高菜漬け入り

【作り方】

1 豚肉は1cm幅の棒状に切って、熱湯にサッとくぐらせる。たけのこはひと口大、高菜漬けは粗みじんに刻む。

2 鍋に油を熱してしょうがを炒め、香りが出たら豚肉を軽く炒める。水、Aを加え、沸騰したら弱火にしてアクをすくい、フタをずらして40分ほど煮る。煮詰まりそうになったら、少量の水を加えながら煮る。

3 たけのこ、高菜漬けを加え10分ほど煮て、ご飯にかける。

アジア的ポイント

台湾の庶民的な丼飯「魯肉飯(ルーローファン)」。豚煮込みは1週間ほど保存可。豚肉は20分ほどで火が通りますが、じっくり煮込んだほうがより味がしみておいしい。

【材 料】(1人分)※豚煮込みは作りやすい分量

豚バラかたまり肉…300g
たけのこ(水煮)…100g
高菜漬け(水洗いして絞る)…50g
しょうが(みじん切り)…1かけ
水…1/2カップ
サラダ油 大さじ1/2

A
砂糖・しょうゆ…各大さじ2
酒…大さじ1
五香粉※…小さじ1

※五香粉…中国の複合スパイスで、シナモン、クローブ、八角、陳皮、フェンネルなどの粉を混ぜたもの。

ご飯にからむ甘辛ダレと黄身

韓国ロコモコ丼

【作り方】

❶ ボウルにAを入れ、粘りが出るまで練り混ぜる。4等分して小判型にまとめ、中央をへこませる。(うち2個を使用)

❷ フライパンに油を強火で熱し、❶を入れる。焼き色がついたら返し、水大さじ2を加えてフタをして弱火で蒸し焼きにし、火が通ったら取り出す。残ったフライパンにBを合わせ、とろみがつくまで煮てソースを作る。

❸ ご飯にハンバーグ、目玉焼きをのせてソースをかけ、細ねぎをちらす。

【材 料】(1人分)＊ハンバーグは作りやすい分量

ハンバーグ

A
- 合びき肉…200g
- 玉ねぎ(みじん切り)…1/2個
- 塩・黒こしょう…各少々
- 溶き卵…1/2個分
- パン粉…1/4カップ

一味唐辛子…少々
ごま油…大さじ1/2
目玉焼き…1個
細ねぎ(小口切り)…適量

B
- 白菜キムチ(ざく切り)…40g
- にんにく(すりおろし)…1/2かけ
- 砂糖…大さじ1
- 酒・みりん…各小さじ2
- しょうゆ…大さじ2

アジア的ポイント

ハンバーグにキムチを加えた焼き肉だれ風の甘辛いソースをからめます。目玉焼きをくずしながらどうぞ。

「肉」系 アジアン丼 PART-2

スパイシーな辛さにシャキッといんげん!

豚肉といんげんのレッドカレー炒め丼

【作り方】

❶ 豚肉はひと口大、いんげんは3㎝長さ、パプリカは細切り、しめじはほぐし、バジルは葉をちぎる。

❷ フライパンに油、にんにくを入れて、香りが出たら豚肉を炒める。ペースト、ココナッツミルク、砂糖、ナンプラーを加えて弱火で炒める。

❸ ❶の野菜とバジルを加えてサッと炒め、ご飯にのせてこしょうをちらす。

【材 料】(1人分)

豚こま切れ肉…100g
いんげん…5本
赤パプリカ…1/4個
しめじ…30g
スイートバジル…2枝
サラダ油…大さじ1
にんにく(みじん切り)…1/2かけ
レッドカレーペースト※…小さじ2
ココナッツミルク、または牛乳…大さじ2
砂糖・ナンプラー…各小さじ1
黒こしょう…適量

※レッドカレーペースト…タイのカレーペーストで、完熟赤唐辛子をベースにハーブやスパイスを混ぜたもの。

アジア的ポイント

市販のレッドカレーペーストで作る、タイの手軽なおそうざいです。

甘〜いココナッツ風味ダレでご飯が進む

ベトナム角煮とゆで卵丼

【作り方】

1. 豚肉は5㎝の角切りにして鍋に入れ、Aをもみ込み30分つける。
2. 1の鍋を中火にかけ、豚肉を返しながら焦がさないように炒め、色が変わったらココナッツジュースとかぶる程度の水を加えて強火にする。沸騰したら弱火にしてアクをすくい、フタをずらして20〜30分煮る。
3. 肉がやわらかくなったらBで調え、ゆで卵を加えて10分煮る。ご飯に煮汁とともにのせ、細ねぎと香菜をちらす。

【材料】(1人分)※角煮は作りやすい分量

豚肩ロースかたまり肉…300g
ゆで卵…2個
ココナッツジュース※…1/2カップ
細ねぎ(小口切り)・香菜(ざく切り)…各適量

A
にんにく(みじん切り)…1かけ
砂糖…大さじ2と1/2
ナンプラー…大さじ2
しょうゆ…大さじ1
黒こしょう…小さじ1/4

B 砂糖・ナンプラー…各大さじ1〜2

※ココナッツジュース…缶入りのココナッツジュース。なければ、風味は変わるがパイナップルジュース、りんごジュースでも代用可。

アジア的ポイント

角切りにした豚肉とゆで卵のベトナム風煮込み。ココナッツ風味のほんのり甘い煮汁にナンプラーと砂糖をたっぷり加えて仕上げます。煮汁だけでもご飯がすすむ1品。

豚レモンしゃぶしゃぶ丼

タイ風しゃぶしゃぶは酸味ソースでさっぱり

【作り方】

1. 豚肉はひと口大、キャベツは千切り、パプリカは粗みじん切り、香菜はざく切りにする。
2. ボウルにA、パプリカを混ぜる。鍋に湯を沸かして肉をゆで、火が通ったら水気をきってボウルに加えて和える。
3. ご飯にキャベツ、2、香菜をのせる。

【材 料】(1人分)

豚ロース肉(しょうが焼き用)…150g
キャベツ…1枚
赤パプリカ…1/4個
香菜…2〜3本

A
- 香菜の根(みじん切り)…1本
- にんにく・しょうが(ともにみじん切り)…各1/2かけ
- 赤唐辛子(小口切り)…1本
- 砂糖・ナンプラー…各小さじ2
- レモン汁…大さじ1

アジア的ポイント

豚肉をサッとゆでてしょうがやレモンのきいたナンプラーソースをかけて。ボリュームある肉をさっぱりと食べられる夏向きの丼です。

「肉」系アジアン丼
PART-2

オリジナル

香菜たっぷり団子丼

熱々に肉汁がジュワッとはじける！

【作り方】

❶ 豚肉は小さく切り、包丁でたたいてミンチにする。玉ねぎ、香菜は根と葉を一緒にみじん切りにする。

❷ ボウルに❶、にんにく、溶き卵、Aを入れて練り混ぜ、粘りが出たら片栗粉を加えて混ぜ、小判型に丸める。フライパンに油を熱し、香ばしく焼いて火を通す。

❸ サニーレタス、青じそ、ミントをちぎってご飯に❷とともにのせ、スイートチリソースをかける。

【材 料】（1人分）

豚こま切れ肉…150g
玉ねぎ…1/4個
香菜…5本
にんにく（みじん切り）…1かけ
溶き卵…1/2個分
片栗粉…大さじ1/2
サラダ油…大さじ1
サニーレタス・青じそ・
スペアミント…各適量
スイートチリソース※…適量

A
砂糖・オイスターソース…各小さじ1/2
ナンプラー…小さじ2
黒こしょう…小さじ1/4

※スイートチリソース…酢、砂糖、にんにくなどを原料にした甘みのあるタイのチリソース。肉料理や揚げ料理と相性がいい。

アジア的ポイント

豚はひき肉でも構いませんが、たたいてミンチにするほうが歯ごたえが出ておいしい。ビールのおつまみにもピッタリ。

海南チキン丼

おなじみのチキンライスを手軽においしく

【作り方】

1. フライパンに鶏肉としょうが、ひたひたの水を入れて火にかける。沸騰したらフタをして弱火で15分蒸し煮にして、火が通ったら取り出す。蒸し汁はA用に取る。
2. きゅうり、トマト、香菜は食べやすく切る。Aは混ぜ合わせる。
3. ご飯にバター、塩、こしょうを混ぜてバターライスを作る。ライスに食べやすく切った鶏肉、野菜をのせてAをかける。

【材 料】(1人分)

鶏もも肉…1枚
しょうが(皮ごと薄切り)…2枚
きゅうり…1/2本
トマト…1/4個
香菜…2〜3本
バター…小さじ1
塩・黒こしょう…各少々
A
- しょうが(すりおろし)…1/2かけ
- 鶏肉の蒸し汁・スイートチリソース…各大さじ1
- レモン汁…小さじ1/2

アジア的ポイント

東南アジア各地で親しまれている鶏飯。手軽なバターライス、しょうが風味スイートチリソースと、各国のおいしいとこどりしたオリジナルレシピで紹介。

「肉」系 アジアン丼
PART-2

パリパリ鶏の黒酢ソース丼

フレッシュな苦味のゴーヤーと相性抜群

【作り方】

1. 鶏肉は数か所穴を開け、Aをもみ込み20～30分つける。ゴーヤーは縦半分にし、薄切りにして塩をまぶし、しんなりしたら洗って水気を絞る。細ねぎは小口切りにする。
2. 鶏肉に溶き卵をからめ、片栗粉を少しずつ加えて混ぜる。フライパンに多めの油を入れて鶏肉をカリッと揚げ焼きにし、中まで火を通す。
3. 小鍋にBをひと煮立ちさせ、火からおろして細ねぎを混ぜる。食べやすく切った鶏肉、ゴーヤーをのせ、Bをかける。

【材 料】（1人分）

鶏もも肉…1/2枚
ゴーヤー…3cm
細ねぎ…1本
塩…少々（ゴーヤーにまぶす）
溶き卵…1/2個分
片栗粉…大さじ1と1/2
サラダ油…適量

A
- にんにく、しょうが（ともにすりおろし）…各1/2かけ
- 酒・しょうゆ…各小さじ1
- 塩…小さじ1/4
- 黒こしょう…少々

B
- 砂糖…大さじ1
- 黒酢…大さじ1と1/2
- しょうゆ・酒…各大さじ1/2
- 豆板醤…小さじ1/2

アジア的ポイント

中国の「油淋鶏」のアレンジ丼。カリッと揚げ焼きした鶏肉に甘酸っぱい黒酢ソースと爽やかな苦みのゴーヤーでさっぱりと食べられます。

PART-2 「肉」系アジアン丼

ケチャップとカレー粉で気軽に作る

タンドリーチキン丼

【作り方】

1. 鶏肉は皮と脂を取り、ひと口大に切る。ボウルにAを混ぜて鶏肉をつけ、冷蔵庫で3時間〜ひと晩おく。
2. フライパンに油を中火で熱して鶏肉を入れ、焼き色がついたら裏返してフタをして弱火で蒸し焼きにする。火が通ったらフタをはずして強火で焼き上げる。
3. ご飯に2、玉ねぎ、クレソン、レモンをのせて一味をちらす。

【材料】(1人分)

鶏もも肉(大)…1/2枚
サラダ油…大さじ1
赤玉ねぎ(薄切り)…1/6個
クレソン(ざく切り)…2〜3本
レモン(くし型切り)…1切れ
一味唐辛子…少々

A
- にんにく・しょうが(ともにすりおろし)…各1/2かけ
- ヨーグルト…大さじ2
- カレー粉・ケチャップ…各小さじ1/2
- 塩…小さじ1/4
- 黒こしょう…少々

アジア的ポイント

ケチャップとカレー粉で作るお手軽タンドリーチキン。鶏肉はひと晩漬け込むとしっかりと味がなじみ、よりおいしくいただけます。

「肉」系 アジアン丼
PART-2

酢醤油ダレがご飯と合う

鶏アドボ丼

【作り方】

❶ 手羽は骨の両脇に切り込みを入れ、鍋に入れてAをもみ込み15分つける。

❷ ❶の鍋に水を加えて火にかけ、沸騰したら弱火にしてアクをすくい、フタをずらして20分煮る。ゆで卵を加えて10分ほど煮て、塩で調える。

❸ ご飯に手羽を煮汁ごと、ゆで卵、いんげんをのせる。

【材 料】（1人分）＊アドボは作りやすい分量

鶏手羽元…6本
ゆで卵…2個
水…1カップ
いんげん（塩ゆでして食べやすく切る）…3本
塩…適量

A
- しょうゆ…1/4カップ
- きび砂糖、または砂糖…大さじ1
- 酢・酒…各大さじ2
- 黒こしょう…適量
- にんにく（軽くつぶす）…1かけ
- ローリエ…1枚

アジア的ポイント

アドボはフィリピンの家庭料理で、肉を酢やしょうゆでほんのり酸っぱく煮込んだおかず。ボリュームたっぷりでもさっぱりと食べられます。

「肉」系 アジアン丼
PART-2

ウイグル牛丼

スパイスが効いた牛と野菜のトマト味炒め

【作り方】

1. 牛肉はひと口大、にんにくの芽は２㎝幅、パプリカ、玉ねぎは1.5㎝角、セロリは１㎝幅、トマトはざく切りにする。
2. フライパンに油、にんにくを熱し、香りが出たら牛肉を中火で炒める。色が変わったらトマト以外の野菜を加えて軽く炒め、A、トマトを炒め合わせる。水を加えて弱火にし、１~２分炒め煮にする。
3. とろみが出たら酢、塩で調え、香菜とこしょうをちらす。

【材料】(1人分)

牛切り落とし肉…100g
にんにくの芽…２本
赤パプリカ…1/2個
玉ねぎ…1/4個
セロリ…1/3本
トマト…1/2個
にんにく(みじん切り)…1/2かけ
サラダ油…大さじ1
水…1/4カップ
酢…小さじ1/2
塩・黒こしょう・香菜(ざく切り)…各適量

A
- パプリカ粉…小さじ1
- クミン粉…小さじ1/4
- 一味唐辛子…少々

アジア的ポイント

ウイグルで親しまれている麺料理「ラグメン」をヒントに、ご飯と合うようにアレンジ。スパイスやハーブがより深みのあるおいしさに。

「肉」系アジアン丼 PART-2

アジアンスパイス五香粉と味噌で決める

ユンさんの牛すね煮丼

【作り方】

1 混ぜ合わせたAを牛肉にもみ込み、30分ほどつける。大根はひと口大に切る。

2 鍋に油を熱して牛肉を入れて炒め、色が変わったら大根を加えて軽く炒める。ひたひたの水を加え、沸騰したら弱火にしてアクをすくい、フタをずらして20～30分煮る。やわらかくなったら、ナンプラー、砂糖で味を調える。

3 煮汁とともにご飯にのせ、細ねぎとこしょうをちらす。

【材料】(1人分)※牛すね煮は作りやすい分量

牛角切り肉(カレー用)…150g
大根…3cm
サラダ油…大さじ1
ナンプラー・砂糖…各適量
細ねぎ(小口切り)・黒こしょう…各適量

A
にんにく(みじん切り)…1/2かけ
砂糖・ナンプラー…各大さじ1
味噌・五香粉・カレー粉…各小さじ1/2
黒こしょう…少々

アジア的ポイント

ベトナムのビーフシチュー「ボー・コー」をアレンジ。甘辛く濃厚な味つけがご飯によく合います。

「肉」系 アジアン丼 PART-2

牛肉と春雨のスパイシー炒め丼

カレーとココナッツミルクを吸った春雨が美味

【作り方】

1. 春雨は10㎝長さ、にんじんは細切り、玉ねぎはくし型切り、細ねぎはざく切りにする。
2. フライパンに油、にんにくを熱し、香りが出たらひき肉を炒め、色が変わったらカレー粉、にんじんを加えて軽く炒める。Aを加えてひと煮立ちさせ、春雨を加えて弱火にし、汁気が飛んだら玉ねぎ、細ねぎを加えてサッと炒める。
3. ご飯にのせ、香菜、ピーナッツ、こしょうをちらす。

【材 料】（1人分）

牛ひき肉…60g
緑豆春雨（乾燥）…20g
（水で戻し、水気をきる）
にんじん…2cm
玉ねぎ…1/8個
細ねぎ…1本
にんにく（みじん切り）…1/2かけ
サラダ油…大さじ1
カレー粉…小さじ1/2
香菜（ざく切り）・ピーナッツ（刻む）・黒こしょう…各適量

A
ココナッツミルク…1/4カップ
砂糖…小さじ1
水…大さじ2
ナンプラー…大さじ1/2

アジア的ポイント

カレー粉、ココナッツミルクを合わせたパンチのある味つけが、香りの強い牛肉とよく合ってご飯がすすみます。

クミンと香菜でパンチのあるラム丼

アジア食堂 ラムと香菜の炒め丼

【作り方】

❶ ラム肉はひと口大に切って、Aをもみ込む。長ねぎは斜め薄切り、香菜は5㎝幅に切り、しめじはほぐす。

❷ フライパンに油、クミンを入れて弱火にかけ、香りが出たら肉を中火で炒める。色が変わったら長ねぎ、しめじ、Bを加えて軽く炒め合わせる。

❸ 火からおろす直前に香菜を加えて混ぜ、ご飯にのせてこしょうをちらす。

【材 料】(1人分)

ラム薄切り肉…100g
長ねぎ…10cm
香菜…10本
しめじ…50g
サラダ油…大さじ1
クミンシード…小さじ1/2
黒こしょう…適量

A
- にんにく(すりおろし)…1/2かけ
- 酒…小さじ1
- 塩・黒こしょう…各少々

B
- 砂糖…小さじ1/2
- しょうゆ・酢…各大さじ1/2
- 一味唐辛子…少々

アジア的ポイント

個性の強いラム肉とクミン、香菜を組み合わせた炒めものは、モンゴルや西アジアあたりの食堂料理のイメージ。香菜独特の香りが食欲をそそります。

しらすから脂ののった魚までスパイスでひと工夫、

「魚ご系」アジアン丼8飯

しらすや刺身を使って火を使わない丼から、焼き魚や炒め物などちょっとボリュームのある丼まで。魚ご飯をハーブやスパイスと調味料でひと工夫して、お手軽にいつもとはちょっと違う、でもクセになるアジアの味わいを楽しめる丼を集めました。

簡単！塩もみキャベツとしらすにラー油ダレをかけるだけ

ピリ辛ッ四川しらす丼

【作り方】

1. しらすは熱湯をかけて粗熱を取る。ひと口大に切ったキャベツは塩もみし、水気を絞る。細ねぎは小口切りにする。
2. Aを混ぜ合わせ、好みの辛さに調える。
3. キャベツとしらすをのせ、2をかけ、細ねぎをちらす。

【材料】（1人分）

しらす…大さじ4
キャベツ…1枚
細ねぎ…1本
塩…少々

A
- 砂糖…ひとつまみ
- 白いりごま・酢…各小さじ1
- しょうゆ…大さじ1
- ラー油…小さじ1/2〜1

アジア的ポイント

中華・四川料理のソースをヒントにアレンジ。辛味はお好みで調整してください。

脂がのった干物に甘酢きゅうり

干あじのベトナム混ぜご飯

【作り方】

1. 干物は焼き、骨と皮をとって身をほぐす。みょうがは縦半分にして薄切り、青じそは千切りにする。きゅうりは軽くたたきつぶし、ひと口大に割る。
2. Aを混ぜ合わせ、きゅうりを和える。
3. ご飯に1の干物と香味野菜、軽く汁気をきった2、ピーナッツ、白ごまを混ぜて盛り、残りの和えだれを適量かける。

【材 料】（1人分）

あじの干物…1尾
みょうが…1個
青じそ…3枚
きゅうり…1本
ピーナッツ（刻む）・白いりごま…各大さじ1

A
- にんにく（みじん切り）…1/2かけ
- 赤唐辛子（種をとってみじん切り）…1/2本
- 砂糖・ナンプラー…各小さじ2
- 酢…小さじ1

アジア的ポイント

香ばしく焼いたあじの干物に食感のいい甘酢野菜や香味野菜を合わせ、混ぜご飯仕立てに。ピーナッツもポイントです。

ヤムたこ丼

辛味と酸味が効いておかずにもなるサラダ

【作り方】

1. たこはひと口大のそぎ切り、きゅうりは縦半分にしてスプーンで種を取り斜め薄切り、玉ねぎ、トマトは薄切り、細ねぎは小口切り、香菜はざく切りにする。
2. Aを混ぜ合わせる。
3. 2に1を加えて和え、ご飯にのせる。

【材 料】(1人分)

ゆでたこ(足)…80g
きゅうり…1/2本
赤玉ねぎ…1/6個
トマト…1/2個
細ねぎ…1本
香菜…2〜3本

A
- 香菜の根(みじん切り)…1本
- 赤唐辛子(小口切り)…1本
- 砂糖・ナンプラー…各小さじ2
- レモン汁…大さじ1

アジア的ポイント

ヤムはタイ語で「混ぜる」の意味で、サラダや和え物のこと。火を使わずにできるお手軽レシピ。

まぐろのユッケ丼

すぐ作れるコチュジャンづけ

【作り方】

1. まぐろは2㎝角切り、玉ねぎはみじん切り、細ねぎは小口切りにする。
2. Aを混ぜ合わせ、1を和える。
3. ご飯に青じそ、2、卵黄をのせて白ごまをちらす。

【材 料】（1人分）

まぐろの刺身…100g
玉ねぎ…1/8個
（切ったら水にさらし軽く絞る）
細ねぎ…1本
卵黄…1個分
青じそ・白いりごま…各適量

A
- コチュジャン…大さじ1
- 酢・ごま油 …各大さじ1/2
- しょうゆ…小さじ1

アジア的ポイント

角切りにしたまぐろをコチュジャンベースのタレでサッとつけます。かつおやアジ、イカでもおいしい。

香味野菜ダレの美味海鮮アジアン

台北食堂の刺身丼

【作り方】

1. 長ねぎは千切り、香菜はざく切りにする。Aは混ぜ合わせる。
2. 刺身は薄いそぎ切りにする。
3. ご飯に2、長ねぎと香菜をのせてAをかける。

【材料】（1人分）

白身魚の刺身
（真鯛、ひらめなど）…100g
長ねぎ…5cm
（切ったら水にさらし水気をきる）
香菜…1本

A
- にんにく・しょうが（ともにみじん切り）…各1/2かけ
- 赤唐辛子（種をとってみじん切り）…1/2本
- しょうゆ…大さじ1と1/2
- 酢…大さじ1/2
- 砂糖…小さじ1/2
- ごま油…小さじ1

アジア的ポイント

たっぷりの香味野菜をのせたお刺身丼。タレは冷やっこや豚しゃぶにかけたり、炒め物の味つけにも使えます。

砂糖の甘さが隠し味

イカときゅうりのトマト炒め丼

【作り方】

❶ イカは格子状に切り込みを入れてひと口大に切り、酒をまぶす。きゅうりはピーラーで縞に皮をむいて乱切り、玉ねぎはくし型切り、トマトはひと口大に切る。

❷ フライパンに油、にんにくを入れて熱し、香りが出たらイカを炒める。色が変わったらきゅうりをざっと炒め合わせて玉ねぎ、トマトを加え、Aで調味する。

❸ ご飯にのせて、こしょうをちらす。

【材 料】（1人分）

イカ（胴）…100g
酒…少々
きゅうり…1本
玉ねぎ…1/8個
トマト…1/2個
にんにく（みじん切り）…1/2かけ
サラダ油…大さじ1
黒こしょう…適量

A［砂糖…小さじ1/2
ナンプラー…大さじ1/2

アジア的ポイント

あっさり素材の炒め物は、ナンプラーの旨みがおいしさの決め手。トマトの酸味で爽やかに仕上げます。

ふわふわ卵とココナッツミルクの

海老パッポンカリー丼

【作り方】

❶ セロリは斜め薄切り、葉と細ねぎはざく切り、パプリカは細切り、玉ねぎは薄いくし型切りにする。ボウルに卵、ココナッツミルク、Aを混ぜる。

❷ フライパンに油を中火で熱して海老を炒める。色が変わったらにんにくを加えて炒め、玉ねぎ、セロリ、カレー粉を加える。強火にして卵液を加え、ポロポロになるまでしっかりと炒める。

❸ 細ねぎを加え、ご飯にのせてセロリの葉とこしょうをちらす。

【材 料】(1人分)

海老(中)…6尾
(殻をむいて背ワタを取り除く)
セロリ…10cm
セロリの葉…1〜2枚
細ねぎ…1本
赤パプリカ…1/8個
玉ねぎ…1/8個
にんにく(みじん切り)…1/2かけ
卵…1個
ココナッツミルク、または牛乳…1/4カップ
サラダ油…大さじ1
カレー粉…小さじ1/2
黒こしょう…適量

A
- オイスターソース…大さじ1/2
- 砂糖・豆板醤…各小さじ1/2
- 酒・しょうゆ…各小さじ1

アジア的ポイント

タイ料理のかにカレー炒めを海老でアレンジ。ピリ辛のカレー味に、卵とココナッツミルクのまろやかさが加わったご飯のすすむ炒めものです。

「魚」系アジアン丼
PART-3

カリカリに焼いて香ばしい

白身魚のピーナッツソース丼

【作り方】

❶ 魚は食べやすい大きさに切り、塩、こしょう、薄力粉をまぶす。なすは縦6つ割り、パプリカは1cm幅に切り、ししとうはヘタを落として切り込みを入れる。Aは混ぜる。

❷ フライパンに油大さじ1／2を中火で熱し、なす、パプリカ、ししとうを炒めて焼き色がついたら取り出す。残りの油を入れて強中火にかけ、魚を両面焼く。

❸ ご飯に❷をのせ、Aをかけてピーナッツをちらす。

【材 料】(1人分)

魚の切り身(メカジキ、真鯛、すずきなど)…1切れ
塩・黒こしょう・薄力粉…各適量
なす…1/2本
赤パプリカ…1/4個
ししとう…3本
サラダ油…大さじ1
ピーナッツ(刻む)…適量

A
しょうが(すりおろし)…1/2かけ
ココナッツミルク、または牛乳…大さじ1
ピーナッツバター・酢…各大さじ1/2
しょうゆ…小さじ1
塩…少々

アジア的ポイント
フライパンでカリッと焼いた魚をご飯にのせて、インドネシア風の甘めのピーナッツソースをかけて。

ご飯にぶっかけ！　さらっと食べる

スープ系アジアン丼11飯

ご飯をスープと一緒に
サラサラ食べる汁かけご飯は、
暑いアジアの国ならではの丼料理。
かける汁を作ったり、ご飯を加えてサッと煮たり、
新しい味の汁かけご飯レシピをご紹介します。

酸っぱ辛っ!が、ヤミつき

燃えるトムヤム雑炊

【作り方】

1 さつまあげはそぎ切り、玉ねぎは薄切り、ミニトマトは半分、香菜はざく切り、しめじはほぐす。

2 鍋に水、Aを入れて火にかけ、沸騰したらしめじ、さつまあげを加えて煮る。ペーストを溶き入れ、玉ねぎ、トマト、レモン汁を加えてサッと煮る。

3 ご飯にかけて香菜をちらす。

【材料】(1人分)

さつまあげ(小)…2枚
玉ねぎ…1/6個
ミニトマト…2個
香菜…2〜3本
しめじ…50g
水…1と1/2カップ
トムヤムペースト※…大さじ1/2
レモン汁…大さじ1と1/2

A
- 香菜の根(軽くつぶす)…1本
- しょうが(薄切り)…2枚
- 鶏ガラスープの素…小さじ1/2
- 砂糖…小さじ2
- ナンプラー…大さじ1

※トムヤムペースト…タイの定番スープ「トムヤムクン」を作るための市販のペースト。輸入食材店などで手に入る。

アジア的ポイント

ハーブとレモンの酸味を楽しむスープを丼に。市販のトムヤムペーストで手軽に作れます。

「スープ」系アジアン丼 PART-4

貝のダシでサラサラと食べる

あさりのベトナムぶっかけ飯

【作り方】

1 サニーレタス、みょうが、青じそは千切りにして水にさらす。細ねぎは小口切りにする。

2 鍋に水、酒、あさりを入れて強火にかけ、沸騰したら弱火にし、あさりを取り出す。残りのスープにナンプラーを加える。

3 ご飯にあさり、水気をきった1の野菜をのせる。熱々のスープをかけ、細ねぎ、白ごま、こしょうをちらす。

【材料】(1人分)

あさり(砂抜きする)…120g
サニーレタス…1枚
みょうが…1個
青じそ…3枚
細ねぎ…1本
水…1と1/2カップ
酒…大さじ1/2
ナンプラー…小さじ1
白いりごま…大さじ1
黒こしょう…適量

アジア的ポイント

あさりのベトナム風ぶっかけ飯。あさりから短時間でダシをとり、たっぷりの薬味野菜と白ごまをかけていただきます。

「スープ」系 アジアン丼
PART-4

オリジナル

潮の香りでホッとなる

豆腐ともずくのナンプラースープ丼

【材料】(1人分)

木綿豆腐…1/3丁
もずく…50g
長ねぎ…5cm
にんにく(みじん切り)…1/2かけ
赤唐辛子(種をとって薄切り)…1/2本
サラダ油…大さじ1
水…1と1/2カップ
塩・黒こしょう…各適量
A 砂糖…ひとつまみ
　ナンプラー…大さじ1/2
　酢…小さじ1

【作り方】

1. 豆腐はキッチンペーパーに包み15分水きりする。長ねぎは粗みじんに刻む。
2. 鍋に油、にんにく、唐辛子、長ねぎを中火で炒め、香りが出たら水、Aを加える。沸騰したら弱火にし、豆腐をくずし入れ、もずくを加えてサッと煮る。
3. 味をみて足りなければ塩で調え、こしょうをちらす。

アジア的ポイント

香りと旨みの強いナンプラーをダシ代わりに使った、アジアならではのクイックスープ。ほんのり酸っぱくピリッと辛く、お茶漬けのようにサラサラと食べます。

オモニの具だくさん辛豚汁丼

コクあるコチュジャンでテンジャンチゲ風

【作り方】

1. ボウルに煮干し、水を入れて15分おく。豚肉はひと口大、しいたけは薄切り、にんじんは薄い半月型切り、玉ねぎはくし型切り、にらは１㎝幅に切る。Aは混ぜる。
2. 鍋に油を中火で熱して豚肉を炒め、色が変わったら煮干しを水ごと加える。沸騰したらアクを取り、しいたけ、にんじん、玉ねぎ、Aを加えて10分煮る。
3. にらを加えてサッと混ぜ、一味をちらす。

【材 料】（1人分）

煮干し（頭とワタをとる）…10g
水…1と1/2カップ
豚こま切れ肉…80g
しいたけ…１枚
にんじん…3cm
玉ねぎ…1/4個
にら…１本
ごま油…大さじ1
一味唐辛子…適量

A
- 酒…大さじ2
- 味噌…大さじ1
- しょうゆ…大さじ1/2
- コチュジャン…小さじ2

アジア的ポイント

韓国の味噌鍋をアレンジして具だくさん味噌汁に。煮干しのきいた濃いダシに、パンチのあるコチュジャンがよく合います。

オリジナル

鶏粥アジアン

香ばしいにんにく油とレモンで風味アップ

【作り方】

1. しょうがは千切り、細ねぎは小口切り、香菜はざく切りにする。
2. 鍋に水、A、ささみを入れて火にかけ、沸騰したら弱火にして肉に火が通るまで煮てささみは取り出す。煮汁でご飯をやわらかくなるまで煮て、ほぐしたささみ、しょうがを加え、ナンプラーで調えて器に盛る。
3. 油を熱して、にんにくを弱火で炒め、きつね色になったら油ごと2にまわしかける。ゆで卵、細ねぎ、香菜をのせ、こしょうをちらしてレモンを添える。

【材 料】（1人分）

鶏ささみ…1本
しょうが…1/2かけ
細ねぎ…1本
香菜…2〜3本
水…2カップ
にんにく（みじん切り）…1/2かけ
サラダ油…大さじ1
ゆで卵…1個
レモン（くし型切り）…1切れ
ナンプラー・黒こしょう…各適量

A［鶏がらスープの素…小さじ1/2
　 塩…小さじ1/4

アジア的ポイント

しょうがをきかせて香ばしいにんにく油をまわしかけ、レモンを絞ってさわやかにいただきます。

魚のダシが効いた日本人にもなじみやすい

ベンガル風フィッシュカレー丼

【作り方】

❶ 魚はひと口大に切って塩少々をまぶし、15分おいて水気をふく。にんじんは輪切り、いんげんは半分、パプリカは細切り、玉ねぎ、香菜は粗みじんに刻む。

❷ 鍋に油を熱して玉ねぎ、にんにく、しょうが、クミンを中火で炒め、しんなりしたらターメリック、一味、マスタードを加えて混ぜる。水を加え、沸騰したら魚、にんじんを加えて弱火で煮る。

❸ 魚に火が通ったら残りの野菜と香菜を加えてサッと煮て、塩で味を調えてご飯にかける。

【材 料】（1人分）

魚の切り身
（さば、メカジキ、さわらなど）…1切れ
にんじん…5cm
いんげん…3本
赤パプリカ…1/4個
玉ねぎ…1/4個
香菜…2～3本
にんにく・しょうが（ともにみじん切り）…各1/2かけ
サラダ油…大さじ1
クミンシード…小さじ1/2
ターメリック・一味唐辛子…各小さじ1/4
粒マスタード…大さじ1/2
水…1/2カップ
塩…適量

アジア的ポイント

インド～バングラデシュのフィッシュカレーの味つけがヒント。マスタードをたっぷりと入れて爽やかな酸味をきかせます。

「スープ」系 アジアン丼 PART-4

レモンの酸味がきいたココナッツミルク煮

鶏のココナッツスープ丼

【作り方】

① 鶏肉は皮を取りひと口大のそぎ切り、しめじはほぐし、ミニトマトは半分、細ねぎ、香菜はざく切りにする。

② 鍋に水、鶏肉を煮立ててアクをすくい、しょうが、レモングラスを加えて弱火で2~3分煮る。肉に火が通ったらしめじ、ココナッツミルク、A、ミニトマト、細ねぎ、こぶみかんの葉を加えてサッと煮る。

③ 香菜をちらす。

【材 料】（1人分）

鶏もも肉…100g
しめじ…30g
ミニトマト…3個
細ねぎ…1本
香菜…2～3本
しょうが（薄切り）…2枚
レモングラス（あれば、ぶつ切り）…1/2本
こぶみかんの葉（あれば、半分にちぎる）…2枚
水…1カップ
ココナッツミルク…1カップ

A［ナンプラー…大さじ2　砂糖・しょうゆ…各小さじ2　レモン汁…大さじ1

アジア的ポイント

レモングラスやこぶみかんの葉は乾燥のものも売られています。熱々のココナッツミルクがご飯にしみこんで美味。

ダルカレー丼

ほくほくレンズ豆のスパイシーカレー

【作り方】

1. トマトはざく切り、玉ねぎ、香菜は粗みじんに刻む。
2. 鍋に油を熱して玉ねぎ、にんにく、しょうが、クミンを入れ、しんなりするまで中火で炒める。トマトを加えてざっと炒め、水、豆、ローリエ、カレー粉、一味を加え、フタをして弱火で20～30分煮る。煮詰まりそうになったら、そのつど少量の水を加える。
3. 豆がやわらかくなったらご飯、香菜を加えて軽く煮て塩で味を調える。

【材 料】（1人分）

赤レンズ豆…大さじ3（水洗いしてザルにあげる）
トマト…1/2個
玉ねぎ…1/4個
香菜…5本
にんにく・しょうが（ともにみじん切り）…各1/2かけ
サラダ油…大さじ1
クミンシード…小さじ1/2
水…1カップ
ローリエ…1枚
カレー粉…大さじ1/2
一味唐辛子…小さじ1/4
塩…適量

アジア的ポイント

スパイスが効きつつもマイルドでやさしい味のインド風スープカレー。

幸せ指数高い辛さ!

きのこのブータンチーズリゾット

【作り方】

1. しいたけ、玉ねぎは薄切り、まいたけはほぐし、ししとうは輪切り、トマトはざく切りにする。
2. 鍋にバターを熱して玉ねぎ、にんにく、しょうがをしんなりするまで中火で炒める。ししとう、トマトを加えてざっと炒め、きのこ、塩少々を加えて炒める。水を加えて煮立せ、ご飯を加えて弱火で5～6分煮る。
3. ご飯がやわらかくなったらチーズ、一味を加えて混ぜ、チーズが溶けたら塩で味を調え、香菜をちらす。

【材 料】(1人分)

しいたけ…2枚
玉ねぎ…1/8個
まいたけ…1/2パック
ししとう…5本
トマト…1/2個
にんにく・しょうが(ともみじん切り)…各1/2かけ
バター…大さじ1
水…1カップ
溶けるチーズ(シュレッド)…30g
一味唐辛子…小さじ1/2
塩・香菜(ざく切り)…各適量

アジア的ポイント

「ごはん×唐辛子×チーズ」というブータン料理の食材マリアージュがヒント。唐辛子をたっぷり加えて辛くすると現地の味に近づきます。

海老と豚のダブルダシ！

つぶつぶ長いものベトナム汁丼

【作り方】

1. 干し海老はおおまかにちぎる。細ねぎは小口切り、青じそはちぎり、長いもは角切りにして包丁でたたく。
2. 鍋に油、海老を入れて熱し、香りが出たらひき肉を炒める。そぼろ状になったら水、海老の戻し汁を加え、沸騰したら弱火にしてアクをすくい、5分ほど煮る。長いもを加えて手早く混ぜ、Aで味を調える。
3. 細ねぎ、青じそ、こしょうをちらす。

【材 料】(1人分)

干し海老…8g
(少量の水で戻して絞り、汁は取っておく)
細ねぎ…1本
青じそ…3枚
長いも…120g
豚ひき肉…60g
サラダ油…大さじ1
水…1と1/2カップ
黒こしょう…適量
A 砂糖…ひとつまみ
ナンプラー…小さじ2
塩…適量

アジア的ポイント

干し海老とナンプラーでダシいらずのお手軽とろろ。玄米や雑穀ごはんなど、かみしめるとおいしいご飯に合わせるのがおすすめ。

「スープ」系 アジアン丼 PART-4

中国の酸味豊かな辛味がたまらない

豚とゴーヤーの酸辣湯丼

【作り方】

1. 豚肉は1cm幅、ゴーヤーは縦半分にし薄切りにする。きくらげは石づきを取って細切りにする。
2. 鍋に水、酒を煮立てて豚肉を加え、アクをすくいながら弱中火で煮る。火が通ったらゴーヤーを軽く煮て、A、きくらげを入れ、水溶き片栗粉でとろみをつけ、溶き卵をまわし入れて火を通す。
3. ごま油をかける。

【材 料】(1人分)

豚薄切り肉…100g
ゴーヤー…5cm
きくらげ…2枚(水で戻す)
水…1と1/2カップ
酒…大さじ1
溶き卵…1個分
水溶き片栗粉・ごま油…各適量

A
- しょうゆ…大さじ1/2
- 砂糖…小さじ1/2
- 塩・黒こしょう…各小さじ1/4
- 酢…小さじ2

アジア的ポイント

甘・辛・酸・苦のバランスがおいしいスープ。ゴーヤー独特の苦みが、酢の酸味とやわらかい卵でまろやかになります。

「常備食材」系 アジアン丼 EXTRA

切った野菜と調味料を混ぜるだけ

キムきゅうり丼

【作り方】

❶ きゅうりはたたいて手で割り、キムチはざく切りにする。

❷ ボウルに❶、にんにく、砂糖、ごま油を入れ、手でもむように和える。

❸ ご飯に❷とゆで卵をのせ、白ごまをちらす。

【材料】（1人分）

きゅうり…1本
白菜キムチ…50g
にんにく（すりおろし）…1/2かけ
砂糖…ひとつまみ
ごま油…小さじ1
ゆで卵…1個
白いりごま…適量

「常備食材」系
アジアン丼
EXTRA

甘辛く炒めるだけのスピード丼

ちくわのスイートチリ丼

【作り方】

❶ ちくわは斜め切りにする。Aは混ぜ合わせる。

❷ フライパンに油を熱し中火でちくわを炒め、焼き色がついたらAを加えて炒める。

❸ ご飯にのせて、こしょうをちらす。

【材料】(1人分)

ちくわ…3本
サラダ油…大さじ1
黒こしょう…適量

A 水・スイートチリソース…各大さじ1
砂糖…小さじ1/2
ナンプラー…小さじ1

「常備食材」系 アジアン丼
EXTRA

シャキシャキの切り干し大根入り

台湾風卵焼き丼

【作り方】

❶ 切り干し大根はざく切りにする。ボウルに卵、Aを混ぜ合わせる。

❷ フライパンに油を強火で熱し、切り干し大根を軽く炒める。卵液を入れて弱火にし、フタをして3～4分焼き、裏返してサッと焼く。

❸ 切ってご飯にのせ、合わせた黒酢としょうゆをかける。

【材料】（1人分）

切り干し大根…10g
（水に7～8分つけて水気を絞る）
卵…2個
ごま油…大さじ1
黒酢・しょうゆ…各小さじ1

A
細ねぎ（小口切り）…2本
桜海老…5g
塩…少々

「常備食材」系 アジアン丼 EXTRA

タイの青パパイヤサラダ「ソムタム」を乾物でアレンジ

切り干し大根のソムタム丼

【作り方】

1. 切り干し大根、香菜はざく切り、ミニトマトは半分に切る。
2. ボウルにAを混ぜ合わせる。
3. 2に1、海老、ピーナッツを加えて和え、ご飯にのせる。

【材 料】(1人分)

切り干し大根…20g(水に7〜8分つけて水気を絞る)
干し海老…4g(少量の水につけて戻して水気を絞る)
ミニトマト…3個
香菜…1〜2本
ピーナッツ…大さじ1

A
にんにく(すりおろし)…1/2かけ
赤唐辛子(小口切り)…1本
砂糖・ナンプラー…各小さじ2
レモン汁…大さじ1

多めの油でカリッと揚げ焼きにした

タイ風目玉焼き丼

【作り方】

❶ 卵をボウルに割り入れる。

❷ フライパンに油を強火で熱し、❶を入れて弱中火にする。焼き色がついたら裏返し、サッと焼いて油をきる。

❸ ご飯にのせてナンプラー、たっぷりのこしょうをふる。

【材 料】(1人分)

卵…1個
サラダ油…大さじ2
ナンプラー…小さじ1/2
黒こしょう…適量

「常備食材」系
アジアン丼
EXTRA

ソーセージだってスパイシーなサラダに

ソーセージのスパイシーサラダ丼

【作り方】

❶ ソーセージ、きゅうりは斜め薄切り、玉ねぎは薄切り、パプリカは細切り、香菜はざく切りにする。カシューナッツは軽く炒る。

❷ ボウルにAを混ぜ合わせる。

❸ ❷に❶を加えて和え、ご飯にのせる。

【材 料】(1人分)

ソーセージ(サッとゆでる)…3本
きゅうり…1/3本
玉ねぎ…1/8個
赤パプリカ…1/4個
香菜・カシューナッツ…各適量

A
砂糖・ナンプラー…各小さじ1
レモン汁…小さじ2
ホットチリソース…小さじ1/2

「常備食材」系
アジアン丼
EXTRA

ナンプラーとごま油で風味アップ

ベトナムやっこ丼

【作り方】

❶ 豆腐はキッチンペーパーで包み15分ほど水切りする。長ねぎはみじん切りにする。

❷ 豆腐をスプーンでなめらかになるまで混ぜ、長ねぎ、Aを加えて混ぜる。

❸ 青じそと香菜をちらす。

【材 料】(1人分)

木綿豆腐…1/2丁
長ねぎ…3cm
青じそ(ちぎる)・香菜(ざく切り)…各適量

A
- ナンプラー…小さじ2
- 白すりごま…大さじ1/2
- ごま油…小さじ1

「常備食材」系 アジアン丼 EXTRA

厚揚げのトマトソース丼

しょうゆ味の甘辛いトマトソースがご飯に合う

【作り方】

1. 厚揚げはひと口大、玉ねぎはみじん切りにする。
2. フライパンに油、にんにくを弱火で熱し、香りが出たら玉ねぎを炒め、しんなりしたらトマトをつぶし加える。水、厚揚げを加えて弱火で7～8分煮、Aで調味する。
3. 細ねぎとこしょうをちらす。

【材 料】(1人分)

厚揚げ…1/2枚
玉ねぎ…1/4個
細ねぎ(小口切り)…1本
にんにく(みじん切り)…1/2かけ
トマトの水煮(缶)…200g
水…大さじ2
サラダ油…大さじ1/2
黒こしょう…適量
A
- 砂糖…小さじ1
- ナンプラー…大さじ1/2
- しょうゆ…小さじ1/2

素材インデックス

素材からメニューを決めよう。残り物は有効活用しないとね♪

アジアン丼本
簡単で旨いアジア屋台飯レシピ厳選60

2015年5月31日　第1刷発行

Staff
料理　高谷亜由
撮影　新居明子 (SOSOUP)
デザイン　CIRCLEGRAPH
編集　喜多布由子

著者　高谷 亜由
発行人　佐野 裕
発行　トランスワールドジャパン株式会社

〒150-0001 東京都渋谷区神宮前6-34-15 モンターナビル
Tel: 03-5778-8599　Fax:03-5778-8743

印刷・製本　三松堂株式会社

Printed in Japan

ISBN 978-4-86256-157－2